мәктәп - skoro	2
сәяхәт - koiri	5
транспорт - transport	8
шәһәр - foto	0
ландшафт - landschap	14
ресторан - restaurant	17
супермаркет - wenkri	20
эчемлекләр - dringi	22
азык - nyan	23
ферма - burugron	27
йорт - oso	31
кунак бүлмәсе - foroisi	33
аш бүлмәсе - botrali	35
ванна бүлмәсе - was oso	38
балалар бүлмәсе - pikin kamra	42
кием - krosi	44
офис - kantoro	49
икътисад - ekonomia	51
профессияләр - kari	53
кораллар - wrokosani	56
музыкаль инструментлар - poku sani	57
зоопарк - meti dyari	59
спорт төрләре - sport	62
хәрәкәт - aktifiteit	63
гаилә - famiri	67
тән - skin	68
хастаханә - ati oso	72
кичектергесез хәл - nowtu	76
җир - grontapu	77
сәгать - oloisi	79
атна - wiki	80
ел - yari	81
формалар - form	83
төсләр - kloru	84
капма-каршылыклар - difrenti	85
саннар - nomru	88
телләр - den tongo	90
кем / нәрсә / ничек - suma / sang / fa	91
кайда - pe	92

Impressum
Verlag: BABADADA GmbH, Nedderfeld 112 , 22529 Hamburg
Geschäftsführer / Verlagsleitung: Harald Hof
Druck: Books on Demand GmbH, In de Tarpen 42, 22848 Norderstedt

Imprint
Publisher: BABADADA GmbH, Nedderfeld 112 , 22529 Hamburg, Germany
Managing Director / Publishing direction: Harald Hof
Print: Books on Demand GmbH, In de Tarpen 42, 22848 Norderstedt, Germany

мәктәп
skoro

- бүлү / prati
- такта / bord
- сыйныф бүлмәсе / klas
- мәктәп ишегалдысы / skoro dyari
- укытучы / leriman
- кәгазь / papira
- ручка / pen
- язу өстәле / tafra
- язу / skrifi
- линейка / lati
- китап / buku
- укучы / studenti

букча
skorotas

пенал
kisi

каләм
skriftiki

каләм очлагыч
srapu

бетергеч
sisibi

рәсем ясау өчен альбом
prenki buku

рәсем
prenki

кисточка
kwasi

буяулар тартмасы
ferfidosu

кайчы
sisei

җилем
gomma

дәфтәр
skrifbuku

өйгә эш
skorowroko

сан
nomru

2+2

кушу
teri

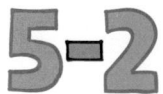

алу
koti

тапкырлау
vermenigvuldig

исәпләү
teri

хәреф
brifi

алфавит
alfabet

сүз
wortu

мәктәп - skoro

текст
awortu

уку
lesi

акбур
kreiti

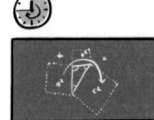

дәрес
yuru

сыйныф журналы
klasbuku

имтихан
examen

диплом
skoropapira

мәктәп формасы
sem skoro krosi

мәгариф
skoro

энциклопедия
encyklopedie

университет
unifersiteit

микроскоп
mikroskoop

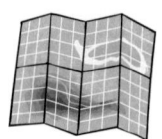

карта
karta

кәгазь өчен кәрҗин
doti embre

сәяхәт
koiri

кунакханә
hotel

турбаза
hostel

валюта алмаштыру пункты
kenki kantoro

чемодан
kofru

автомобиль
wagi

тел
tongo

әйе / юк
ai / no

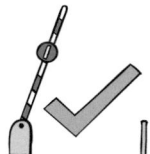

яхшы
afen

сәлам
Ei!

тәрҗемәче
torku

Рәхмәт
Grantangi

сәяхәт - koiri 5

Күпме тора...?
O meni...?

Мин аңламыйм
Mi ne ferstan

проблема
problema

Хәерле кич!
Kuneti!

Хәерле иртә!
Morgu!

Тыныч йокы!
Kuneti!

хушыгыз
Adyosi!

юнәлеш
beni

багаж
bagasi

букча
tas

рюкзак
tas

кунак
fisiti

бүлмә
kamra

йоклар өчен капчык
sribi saka

палатка
tenti

сәяхәт - koiri

туристик мәгълүмат

reiskantoro

пляж

sekanti

кредит картасы

kreditkarta

иртәнге аш

mamanten nyanyan

төш

nyanyan

кичке аш

nyanyan

билет

karta

лифт

lift

почта маркасы

stampu

чик

lanki

таможня

douane

илчелек

ambassade

виза

fisa

паспорт

pasportu

сәяхәт - koiri

7

транспорт
transport

очкыч
isrifowru

кораб
boto

янгын автомобиле
brandweerwagi

автобус
bus

йөк машинасы
wagi

моторлы көймә
motro boto

велосипед
baisigri

автомобиль
wagi

паром
pondo

көймә
boto

мотоцикл
motro

полиция автомобиле
skowtu wagi

узыш автомобиле
streilon wagi

вакытлыча алып торган автомобиль
yuru wagi

Автомобильләр белән уртак файдалану

wagi prati

буксирлау автомобиле

takelwagi

чүп ташучы

doti wagi

двигатель

motro

ягулык

oli

заправка

oli pompu

юл билгесе

ferkeermarki

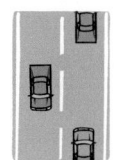

хәрәкәт

ferkeer

бөке

reylo

автомобиль тукталышы

parkeerpresi

вокзал

lokopresi

рельслар

rail

поезд

loko

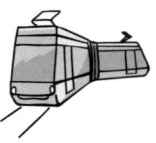

трамвай

loko

вагон

wagi

транспорт - transport

вертолет
helikopter

аэропорт
opolangi

каланча
fortresi

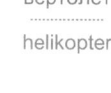
юлчы
pasasir

контейнер
kontainer

тартма
doso

арба
wagi

кәрзинкә
baskita

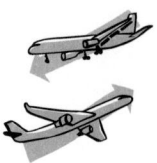
очу / җиргә төшү
opo go / saka

шәһәр
foto

авыл
dorpu

шәһәр үзәге
fotosei

йорт
oso

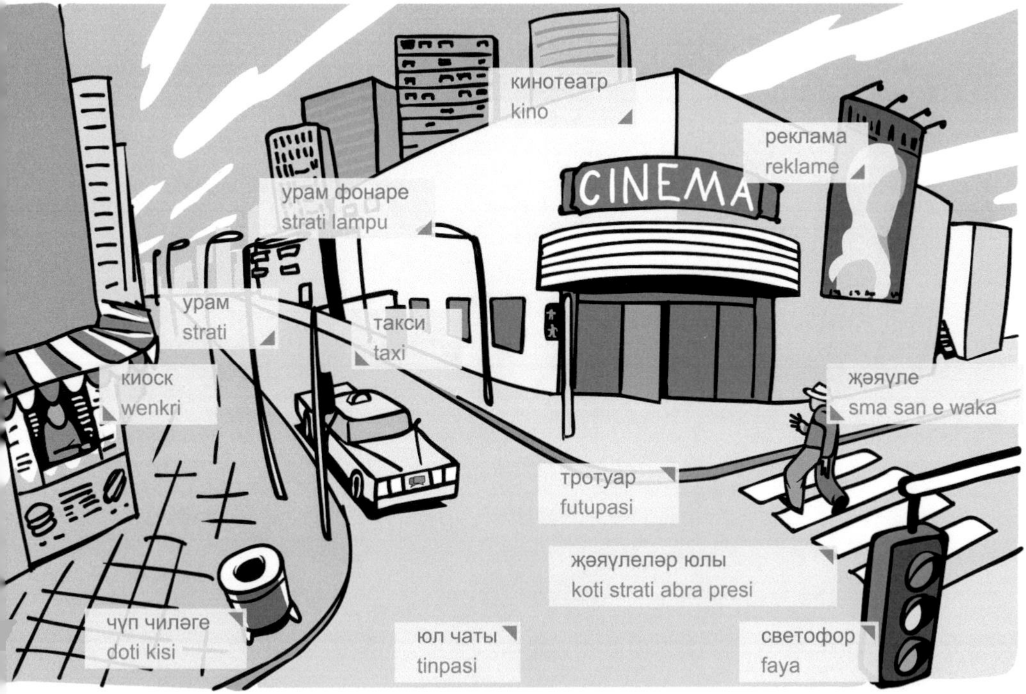

кинотеатр
kino

реклама
reklame

урам фонаре
strati lampu

урам
strati

такси
taxi

киоск
wenkri

җәяүле
sma san e waka

тротуар
futupasi

җәяүлеләр юлы
koti strati abra presi

чүп чиләге
doti kisi

юл чаты
tinpasi

светофор
faya

алачык

kampu

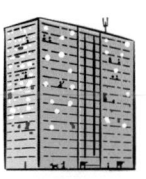

фатир

oso

вокзал

lokopresi

ратуша

foto oso

музей

museum

мәктәп

skoro

шәһәр - foto

университет
unifersiteit

банк
bangi

хастаханә
ati oso

кунакханә
hotel

даруханә
apteiki

офис
kantoro

китап кибете
buku winkri

кибет
wenkri

чәчәк кибете
bromki winkri

супермаркет
wenkri

базар
wowoyo

универмаг
wowoyo

балык кибете
fisi seri man

сәүдә үзәге
bigi wenkri

порт
lanpresi

парк
park

эскәмия
bangi

күпер
broki

баскыч
trapu

метро
fatyawagi

тоннель
ondrogron-strati

автобус тукталышы
bushalte

бар
bar

ресторан
restaurant

почта тартмасы
brifibus

урам исеме язылган такта
strati nen marki

паркометр
parkeer marki

зоопарк
meti dyari

бассейн
swen presi

мәчет
gado-oso

шәһәр - foto

ферма
burugron

әйләнә-тирә мохитне пычрату
doti sani

зират
berpe

чиркәү
kerki

балалар мәйданчыгы
prei presi

гыйбадәтханә
gado-oso

ландшафт
landschap

бит
wiwiri

юл күрсәткече
pasi marki

юл
pasi

болын
wei

таш
ston

сәяхәтче
koiri sma

агач
bon

елга
libi

үлән
grasi

чәчәк
bromki

үзән
lagi presi

тау
lebriki

күл
fisi-olo

урман
busi

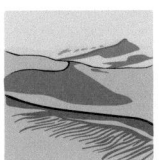
чүл
dreisabana

вулкан
bergi

йозак
ridder-oso

салават күпере
alenbo

гөмбә
todoprasoro

пальма
palmbon

черки
maskita

чебен
freifrei

кырмыска
mira

корт
waswasi

үрмәкүч
anansi

ландшафт - landschap

коңгыз
asege

бака
todo

тиен
bonboni

керпе
agidya

куян
kon koni

ябалак
owru kuku

кош
fowru

аккош
gansi

кабан дуңгызы
werder agu

болан
dia

поши
dia

буа
dan

җил генераторы
winti miri

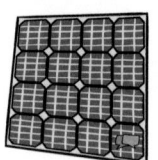
кояш батареясы
son planga

климат
weer

ландшафт - landschap

ресторан
restaurant

официант
diniman

меню
nyankarta

утыргыч
sturu

аш
supu

пицца
pissa

ашханә приборлары
nefi nanga forku

ашъяулык
tafra duku

кабымлык
fesi nyanyan

төп ашамлык
moro prenspari sortu nyan

десерт
switi sani

эчемлекләр
dringi

азык
nyan

шешә
batra

фастфуд
fastfood

урам ризыгы
strati nyanyan

чәйнек
tépatu

шикәр савыты
sukru patu

күләм
krab'patu

кофе кайнаткыч
espressomasyin

балалар урындыгы
pikin sturu

исәпләү
borgu

поднос
brakri

пычак
nefi

чәнечке
forku

кашык
spun

чәй кашыгы
téspun

салфетка
servet

стакан
grasi

ресторан - restaurant

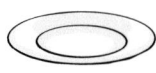
тәлинкә
preti

аш тәлинкәсе
supu preti

чәй тәлинкәсе
skotriki

соус
sowsu

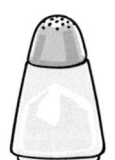
тоз савыты
sowtupatu

борыч ваклагыч
pepre miri

серкә
asin

сыек май
oli

тәмләткеч
specerij

кетчуп
ketchup

горчица
mosterd

майонез
mayonaise

ресторан - restaurant

супермаркет

wenkri

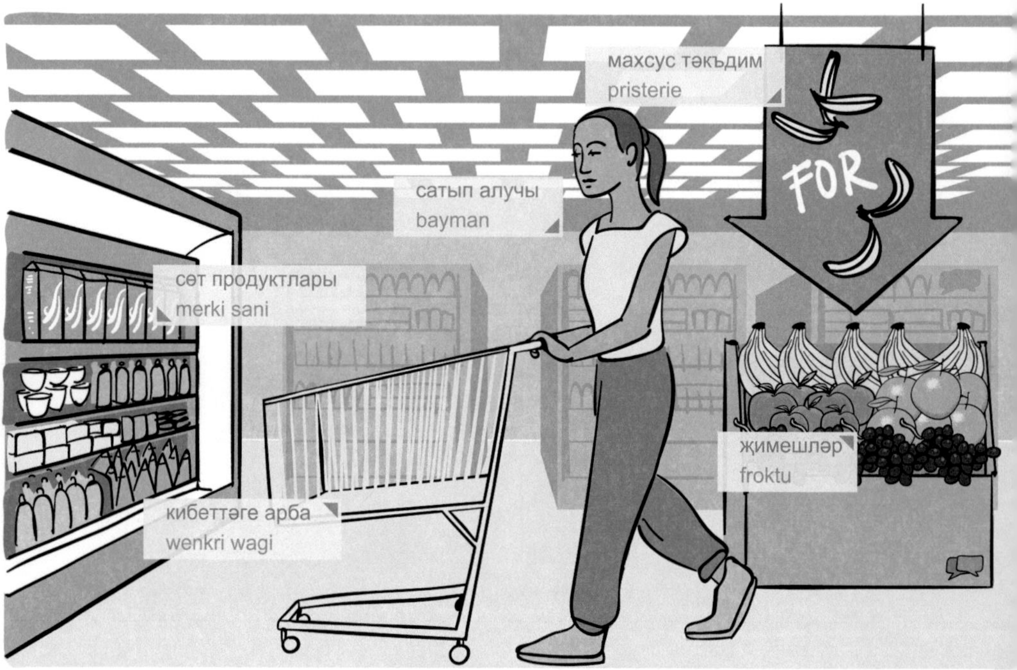

махсус тәкъдим
pristerie
FOR
сатып алучы
bayman
сөт продуктлары
merki sani
җимешләр
froktu
кибеттәге арба
wenkri wagi

BUTCHERS

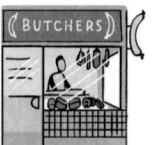

ит кибете

srakti-oso

BAKERY

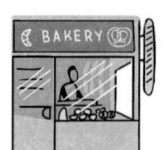

икмәк пешерү йорты

bakri-oso

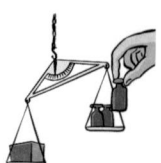

килү

wegi

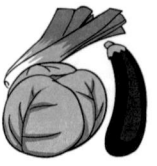

яшелчә

gruntu

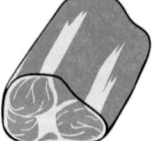

ит

meti

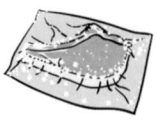

туңдырылган продуктлар

dijskasi sani

кисәкле ит

kowru meti

консервалар

blik nyan

кер юу порошогы

wasi sani

тәм-томнар

switi sani

көнкүреш җиһазлары

oso sani

юу әйбере

sani fu krin

хатын-кыз сатучы

seri sma

касса

kas

кассир

kasman

атып алган әйберләрнең исемлеге

bai marki

эш вакыты

opo yuru

бумажник

portmoni

кредит картасы

kreditkarta

букча

tas

полиэтилен пакет

plastik saka

супермаркет - wenkri

эчемлекләр
dringi

су
watra

сок
sap

сөт
merki

кока-кола
kola

шәраб
win

сыра
biri

хәмер
sopi

какао
skrati

чәй
té

кофе
kofi

эспрессо
espresso

капучино
kappuccino

азык
nyan

банан
bakba

алма
apra

әфлисун
apresina

карбыз
watramun

лимон
sitrun

кишер
rutu

сарымсак
konofroku

бамбук
bambu

суган
aiun

гөмбә
todoprasoro

чикләвекләр
noto

токмач
pasta

спагетти — spaghetti
дөге — alesi
салат — salade

чипсы — patata
кыздырылган бәрәңге — baka patata
пицца — pissa

гамбургер — burger
сэндвич — brede
котлет — schnitsel

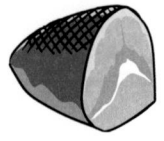

ветчина — ameti
салями — salami
сосиска — worst

тавык — kafowru
кыздырма — bakadina
балык — fisi

азык - nyan

солы кисәкләре	мюсли	кукуруз кисәкләре
hafermout	muesli	karuflakes

он	круассан	булка
blon lolo	croissant	brede

икмәк	тост	печенье
brede	baka brede	buskutu

май	эремчек	пирог
botro	kwark	kuku

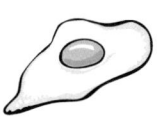
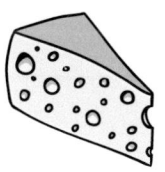

йомырка	йомырка тәбәсе	сыр
eksi	baka eksi	kasi

туңдырма	шикәр	бал
ice-cream	sukru	oni

кайнатма	шоколадлы паста	карри
jam	sukruskrati pasta	kerrie

ферма
burugron

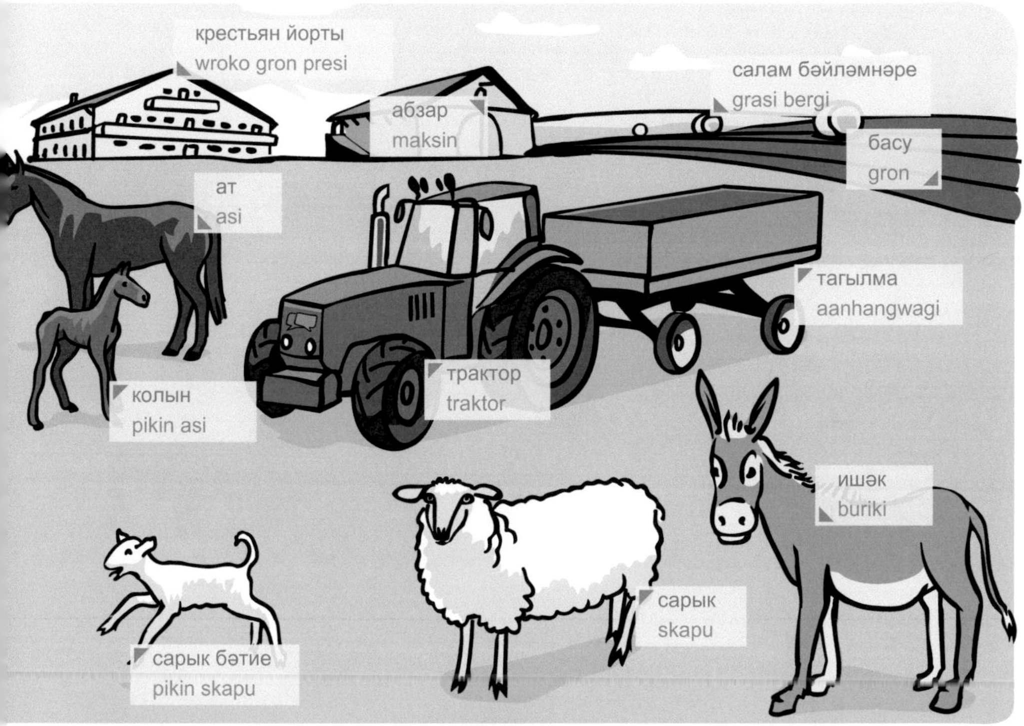

крестьян йорты
wroko gron presi

абзар
maksin

салам бәйләмнәре
grasi bergi

ат
asi

басу
gron

тагылма
aanhangwagi

колын
pikin asi

трактор
traktor

ишәк
buriki

сарык бәтие
pikin skapu

сарык
skapu

кәҗә

krabita

сыер

kaw

бозау

pikin kaw

дуңгыз

agu

дуңгыз баласы

pikin agu

үгез

burkaw

каз
gansi

үрдәк
doksi

чеби
pikin fowru

тавык
fowru

әтәч
kakafowru

күсе
alata

песи
puspusi

тычкан
moismoisi

эш үгезе
burkaw

эт
dagu

эт оясы
dagu pen

бакча шлангысы
tuinslang

сусипкеч
watra kan

чалгы
nefi

сабан
pluga

урак
babun-nefi

китмән
tyapu

тирес сәнәге
forku

балта
beyri

кул арбасы
kroiwagi

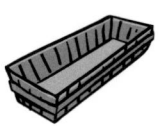

тагарак
baki

сөт өчен бидон
merki kan

капчык
saka

койма
skotu

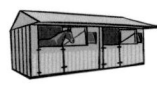

абзар
pen

теплица
grun kasi

туфрак
gron

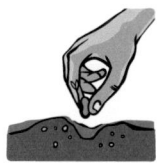

чәчү
siri

ашлама
doti

комбайн
maaidorser

ферма - burugron

уңыш җыю
koti

уңыш
nyanyan

ямса
yami

бодай
aleisi

соя
soja

бәрәңге
patata

кукуруз
karu

рапс
koro siri

җимеш агачы
froktu bon

маниок
kasaba

иген
siri

ферма - burugron

йорт
oso

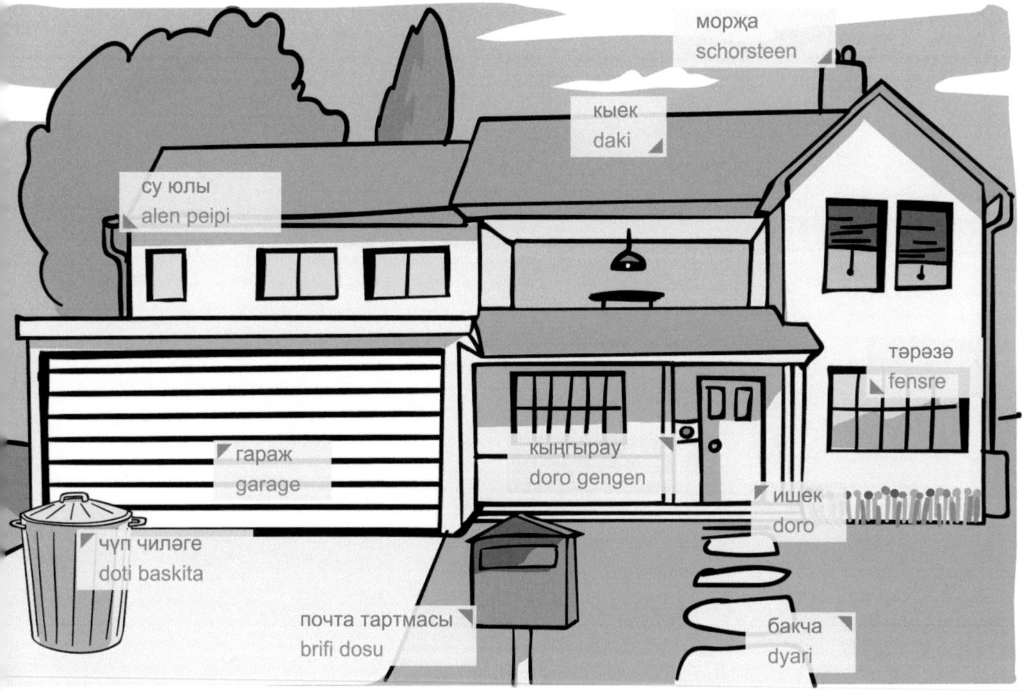

- моржа / schorsteen
- кыек / daki
- су юлы / alen peipi
- тәрәзә / fensre
- гараж / garage
- кыңгырау / doro gengen
- ишек / doro
- чүп чиләге / doti baskita
- почта тартмасы / brifi dosu
- бакча / dyari

кунак бүлмәсе
foroisi

ванна бүлмәсе
was oso

аш бүлмәсе
botrali

йокы бүлмәсе
sribikamra

балалар бүлмәсе
pikin kamra

ашханә
nyanyan kamra

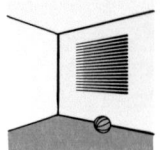
идән
gron

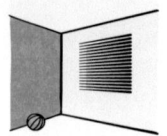
диуар
skotu

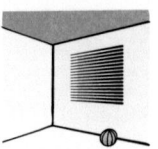
түшәм
plafon

баз
kedre

сауна
sauna

балкон
barkon

терраса
terras

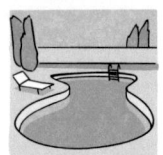
бассейн
swen presi

газон чапкыч
waimasyin

юрган аслыгы
sribikrosi

япма
sribikrosi

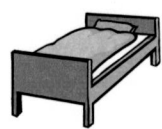
карават
bedi

себерке
sisibi

чиләк
embre

сүндергеч
san fu leti faya

кунак бүлмәсе
foroisi

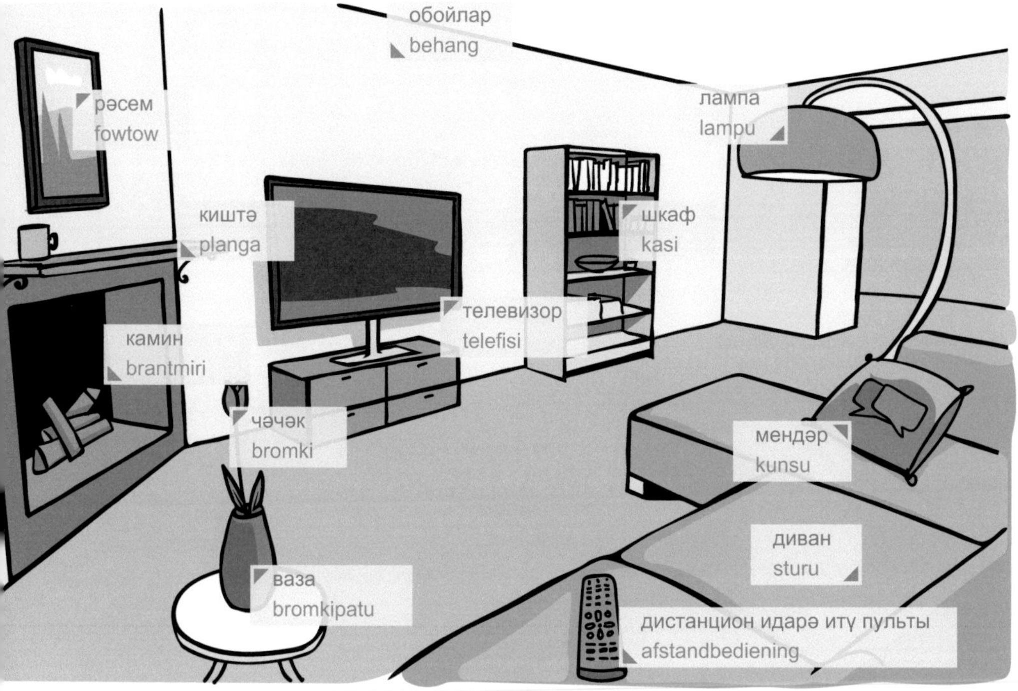

обойлар
behang

рәсем
fowtow

лампа
lampu

киштә
planga

шкаф
kasi

камин
brantmiri

телевизор
telefisi

чәчәк
bromki

мендәр
kunsu

диван
sturu

ваза
bromkipatu

дистанцион идарә итү пульты
afstandbediening

келәм
matamata

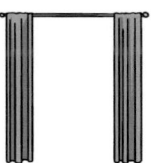

пәрдә
garden

өстәл
tafra

утыргыч
sturu

тибрәткеч кәнәфи
boboisturu

кәнәфи
sturu

кунак бүлмәсе - foroisi   33

китап buku	япма tapun	бизәк pranpran

утын udu	фильм kino	стереосистема stereo- installatie

ачкыч sroto	газета koranti	картина skedrei

плакат poster	радио konkrudosu	блокнот skrifi buku

тузан суыргыч stofsuiger	кактус kaktus	шәм kandra

кунак бүлмәсе - foroisi

аш бүлмәсе
botrali

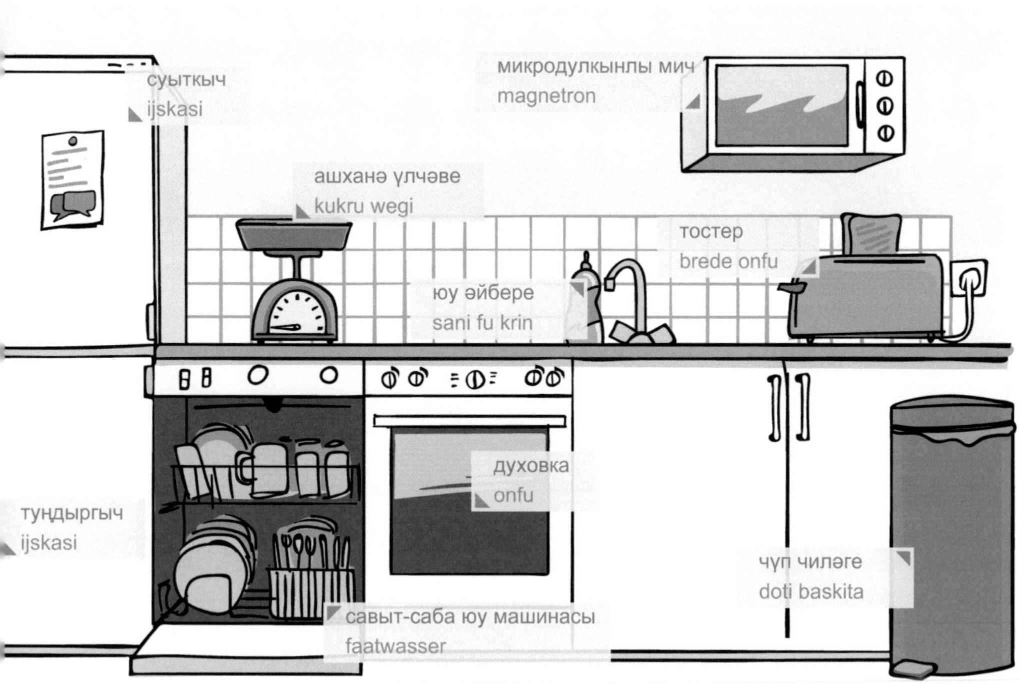

суыткыч
ijskasi

микродулкынлы мич
magnetron

ашханә улчәве
kukru wegi

тостер
brede onfu

юу әйбере
sani fu krin

тундыргыч
ijskasi

духовка
onfu

чүп чиләге
doti baskita

савыт-саба юу машинасы
faatwasser

плитә
onfu

кәстрүл
patu

чуен казан
isri patu

вок / казан
wok / kadai

таба
pan

чәйнек
ketre

аш бүлмәсе - botrali

парда пешергеч
dampupatu

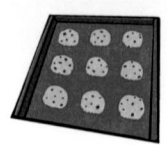

калай таба
baka preti

савыт-саба
tafra-sani

кружка
kan

җамаяк
koba

таякчык
nyantiki

аш чүмече
supu spun

лопатка
spatel

туглауыч
klutser

иләк
fergiet

иләк
dorodoro

кыргыч
gritigriti

төйгеч
mortier

гриль
barbakoto

учак
faya presi

аш бүлмәсе - botrali

такта
koti planga

уклау
blon lolo

бөке суыргыч
korkutreki

калай банк
tromu

консерв ачу өчен пычак
knefi fu opo blik

элэктергеч
patu duku

раковина
wasibaki

щётка
bosro

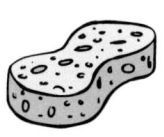

губка
sponsu

миксер
blender

туңдыру камерасы
ijskasi

ашату өчен шешә
beibi batra

кран
kran

аш бүлмәсе - botrali

ванна бүлмәсе
was oso

жылыту
faya

сөлге
wasduku

душ
douche

күбекле ванна
bubbel wasi

душ пәрдәсе
douche garden

ванна
badkuip

кер юу машинасы
wasmasyin

стакан
grasi

плитка
tegel

кран
kran

чүлмәк
pisi patu

раковина
wasibaki

бәдрәф
....
kumakoisi

унитаз
....
kumakoisi

биде
....
bidet

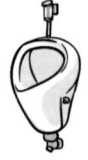

писсуар
....
pisi presi

бәдрәф кәгазе
....
kumakoisi papira

керпе кебек чистарткыч
....
kumakoisi bosro

теш щеткасы

tifi bosro

теш пастасы

tandpasta

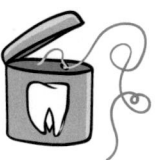

теш җебе

floss

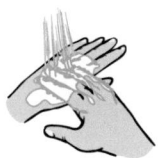

юу

wasi

кул душы

douche

душ

kumakoisi douche

оча сөяге

was koba

аврка өчен щетка

baka bosro

сабын

sopo

душ өчен гель

douchegel

шампунь

sopo

мунчала

was krosi

агым

afvoer

крем

krème

дезодорант

okselstik

ванна бүлмәсе - was oso

көзге
spikri

кул көзгесе
moimoi fu fesi spikri

пәке
sebinefi

кырыну өчен күбек
sebiskuma

Кырынаганнан соң
кулланыла торган лосьон
aftershave

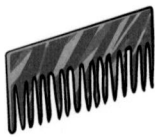

тарак
kankan

щётка
bosro

фен
wiri drei masyin

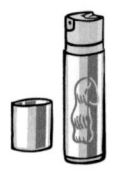

чәчләр лагы
wirispray

косметика
moimoi fu fesi

ирен буявы
lippenstift

тырнаклар лагы
nangra ferfi

мамык
katun

маникюр кайчысы
nangra sey

хушбуй
switi smeri

ванна бүлмәсе - was oso

косметика савыты
tas gi krin sani

урындык
kroku

үлчәү
wegi

халат
was dyaki

резин перчаткалар
handschoen fu krin

тампон
tampon

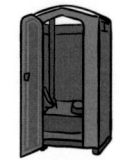

гигиена җәймәсе
munduku

биотуалет
kumakoisi

ванна бүлмәсе - was oso

балалар бүлмәсе
pikin kamra

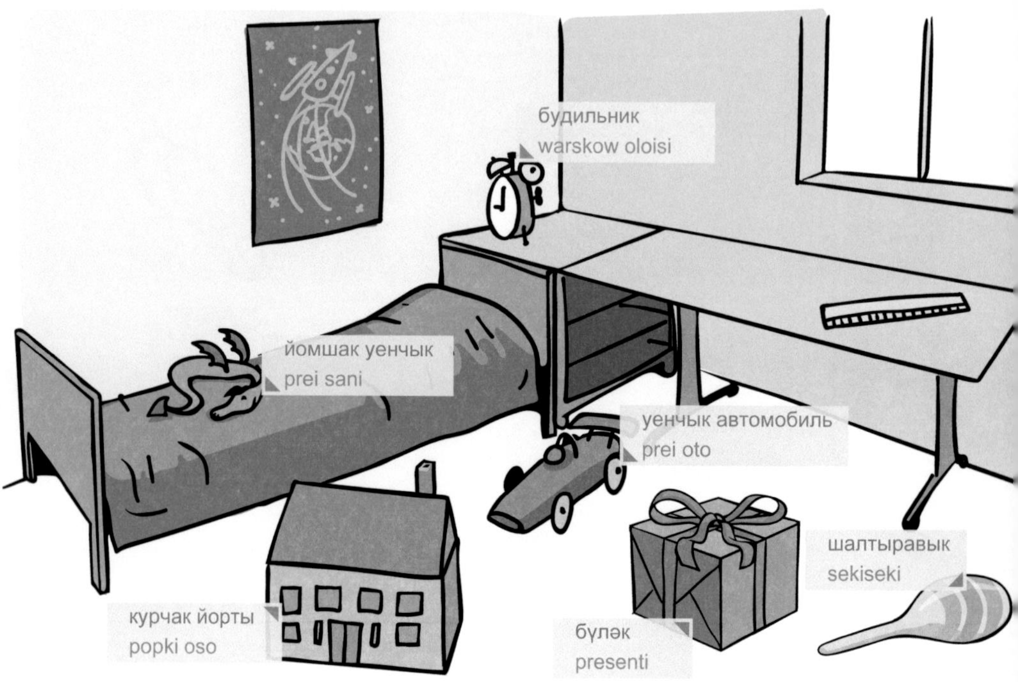

будильник
warskow oloisi

йомшак уенчык
prei sani

уенчык автомобиль
prei oto

курчак йорты
popki oso

шалтыравык
sekiseki

бүләк
presenti

һава шары
ballon

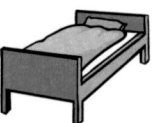

каруат
bedi

балалар коляскасы
beibiwagi

кәрт уены
paki karta

пазл
laytori

комикс
strip torie

Лего кирпечекләре
lego ston

шакмак
prei sani

уенчык
aktiefiguurtje

ползунки
beibikrosi

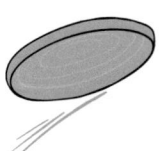

фрисби
frisbee

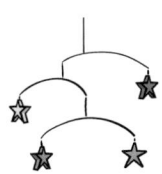

мобиль
mobile

өстәл уены
prei tapu bord

шакмак
prei ston

тимер юл моделе
prei sani loko

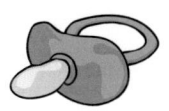

имезлек
bobimofo

кичә
fesa

рәсемнәр белән бизәлгән китап
prenki buku

туп
bal

курчак
popki

уйнау
prei

комлык

santi baki

таган

boboisturu

уенчык

preisani

уен приставкасы

prei komputer

өч көпчәкле велосипед

baysigri

плюш аю

prei sani

кием-салым шкафы

krosi kasi

кием
krosi

оекбаш

kowsu

оек

kowsu

колготки

kowsu

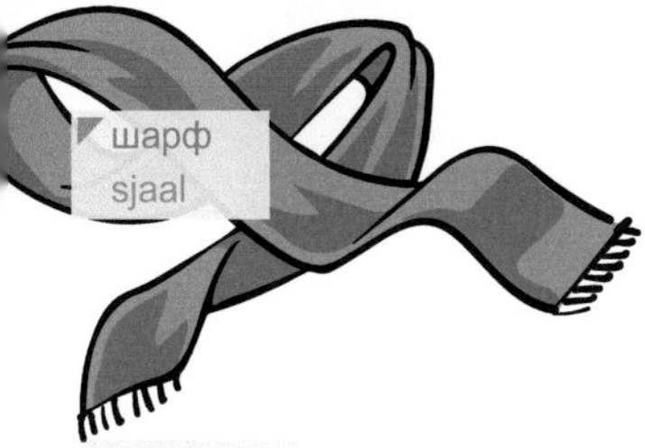

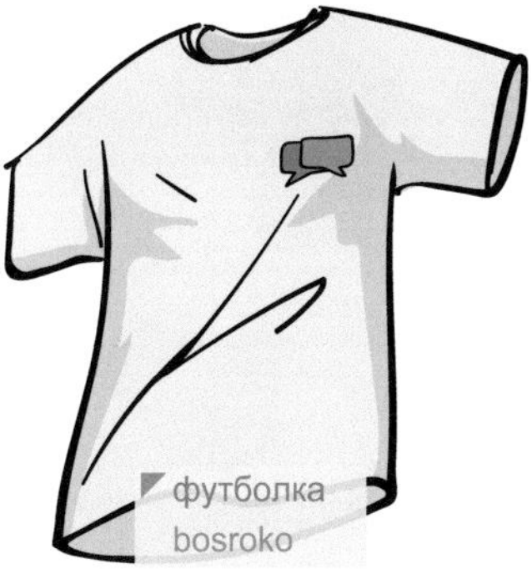

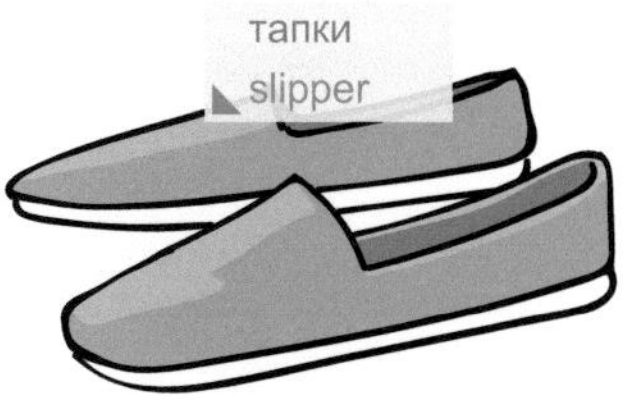

шарф
sjaal

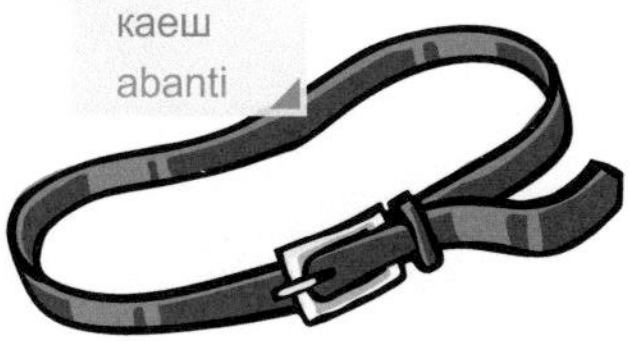

зонт
prasoro

футболка
bosroko

каеш
abanti

тапки
slipper

итек
buta

кроссовки
pata

сандаллар	ботинкалар	резин итекләр
susu	susu	buta

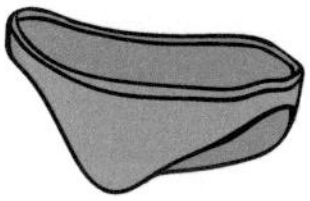

трусик

jockey

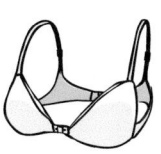

бюстгальтер

bh

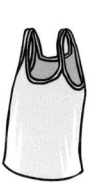

майка

kamsoro

боди
skin

чалбар
bruku

джинсы
jeansbruku

итәк
koto

блузка
blus

күлмәк
empi

свитер
empi

свитер
dyaki

спорт курткасы
djakti

жакет
dyakti

пәлтә
alendyakti

плащ
alendyakti

костюм
paki

күлмәк
yapon

туй күлмәге
trowyapon

ирләр костюмы
paki

төнге эчке күлмәк
sribikrosi

пижама
sribikrosi

сари
sari

яулык
angisa

чалма
tulband

пәрәнҗә
burka

кафтан
kaftan

абайя
abaya

коену костюмы
swenkrosi

плавки
swenbruku

шорт
syatu bruku

спорт костюмы
training paki

алъяпкыч
feskoki

перчаткалар
handschoen

кием - krosi

47

төймә
knopo

күзлек
aygrasi

беләзек
anubuy

чылбыр
keti

балдак
linga

алка
yesilinga

бүрек
ati

элгеч
krosi anga

эшләпә
ati

галстук
tay

молния каптырмасы
rits

каска
feti musu

подтяжка
bretel

мәктәп формасы
sem skoro krosi

форма
sem krosi

48   киеm - krosi

балалар күкрәкчәсе
slabbetje

имезлек
bobimofo

подгузник
pisiduku

офис
kantoro

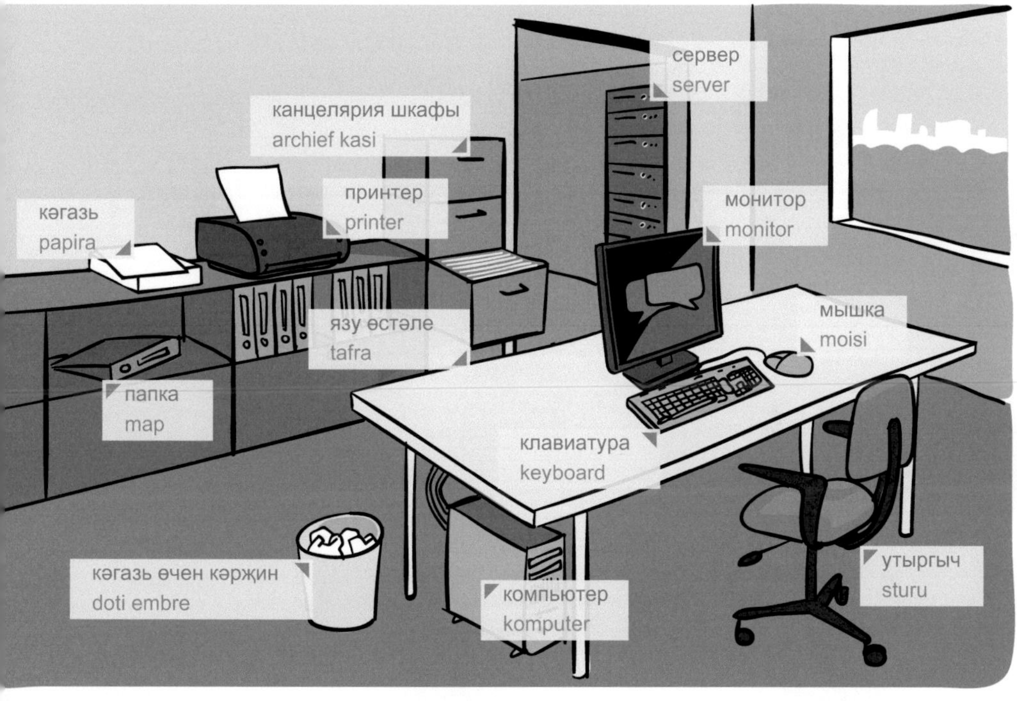

кәгазь
papira

канцелярия шкафы
archief kasi

принтер
printer

язу өстәле
tafra

папка
map

сервер
server

монитор
monitor

мышка
moisi

клавиатура
keyboard

кәгазь өчен кәрҗин
doti embre

компьютер
komputer

утыргыч
sturu

кофе кружкасы
kofi kan

калькулятор
kalkulator

интернет
internet

ноутбук
laptop

хат
brifi

хәбәр
boskopu

кесә телефоны
konkrutitei

челтәр
neti

ксерокс
kopi masyin

программа
software

телефон
konkrutitei

розетка
stopkontakt

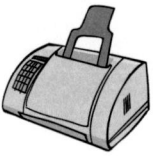
факс
fax masyin

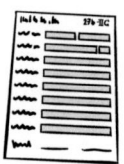
формуляр
formulier

документ
papira

офис - kantoro

икътисад
ekonomia

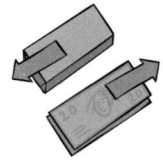
сатып алу
bai

түләү
pai

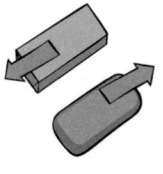
сәүдә
du

акча
moni

доллар
dollar

евро
euro

иена
yen

сум
rubel

франк
frank

жэньминьби юань
renminbi yuan

рупия
rupie

банкомат
monimasyin

валюта алмаштыру пункты
kenki kantoro

алтын
gowtu

көмеш
solfru

җир мае
oli

энергия
krakti

бәя
prijs

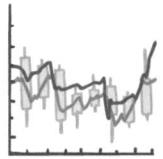

килешү
kontrakti

салым
lantimoni

акция
pisi

эш
wroko

эшче
wrokoman

эш бирүче
wrokobasi

фабрика
fabrik

кибет
wenkri

икътисад - ekonomia

профессияләр
kari

полицейский
skowtu

янгын сүндерүче
brandweerman

пешекче
boriman

табиб
datra

очучы
piloot

бакчачы
djariman

агач остасы
temreman

тегүче
modist

хаким
krutubasi

химик
scheikunde sma

актер
akteur

автобус йөртүче
sjafeur

таксист
taximan

балыкчы
fisiman

җыештыручы хатын
krinsma

түбә ябучы
dakitapu man

официант
diniman

аучы
ontiman

рәссам
ferfiman

пешекче
bakriman

электрик
elektrikman

төзүче
bow-wroko man

инженер
ensjinoru

итче
sraktiman

сантехник
loodgieter

хат ташучы
postbode

профессияләр - kari

 солдат srudati	 архитектор architekt	 кассир kasman
 чәчәкче bromkisma	 парикмахер seti sma wiri man	 кондуктор kondukteur
 механик monteur	 капитан kapten	 теш табибы tifidatra
 галим sabiman	 раввин Dyu domri	 имам Moslim domri
 монах moniki	 рухани priester	

профессияләр - kari

кораллар
wrokosani

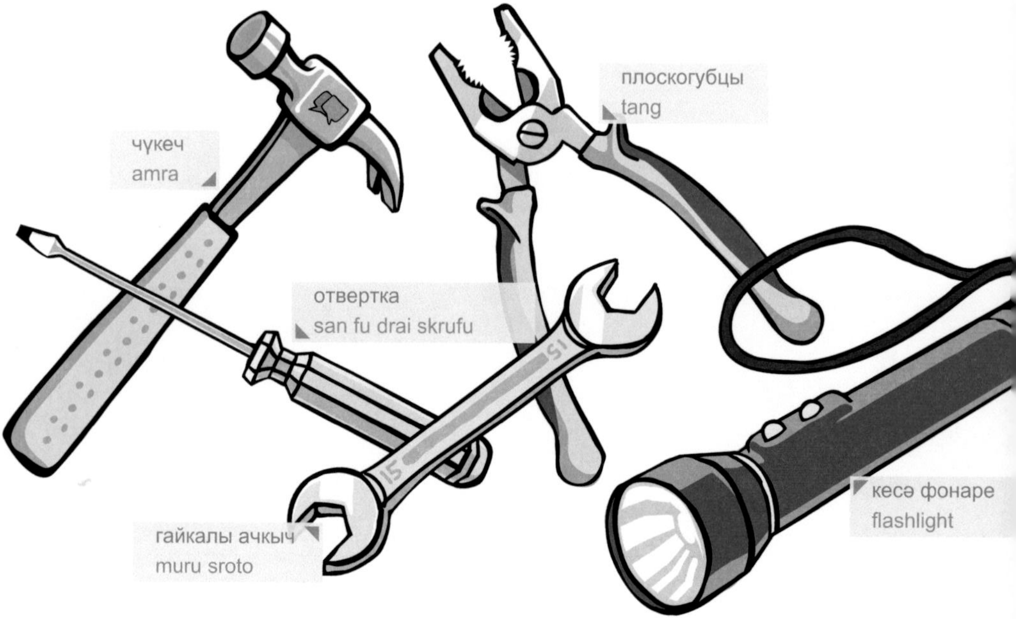

чукеч
amra

плоскогубцы
tang

отвертка
san fu drai skrufu

гайкалы ачкыч
muru sroto

кесә фонаре
flashlight

экскаватор

dikimasyin

инструментлар өчен тартма
wrokosani kisi

баскыч

trapu

пычкы

sa

кадаклар

spikri

дрель

boro

төзәтү
meki

көрәк
skepi

Шайтан алгыры!
Baya!

соскы
stofblik

савытлы буяу
ferfi patu

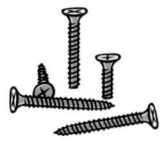
винтлар
skrufu

музыкаль инструментлар
poku sani

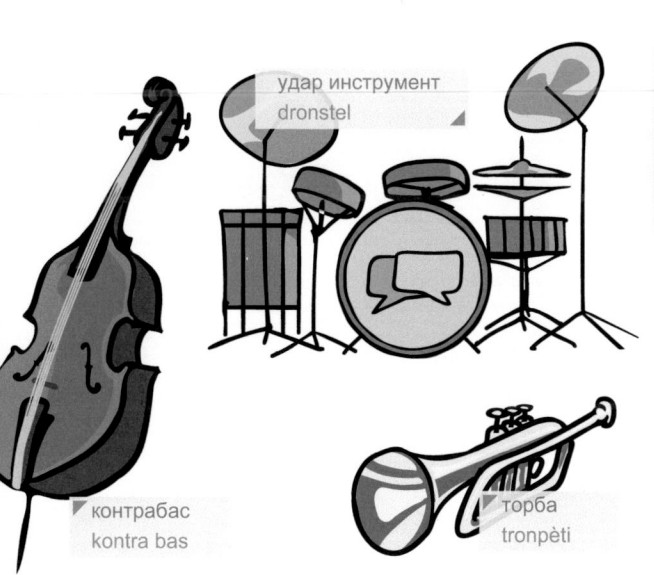

удар инструмент
dronstel

контрабас
kontra bas

торба
tronpèti

тавыш көчәйткеч
boskopu barbari sani

гитара
gitara

пианино
piano

скрипка
finyoro

бас-гитара
bas

литавра
pauk

барабан
dron

синтезатор
keyboard

саксофон
saxofon

флейта
froiti

микрофон
mikrofon

зоопарк
meti dyari

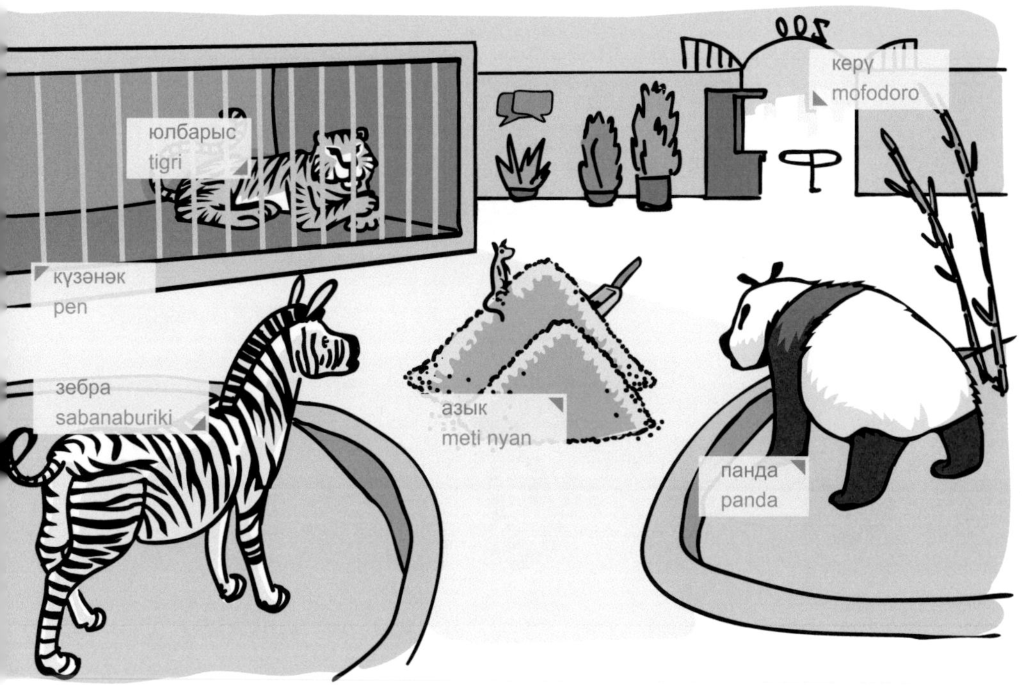

юлбарыс
tigri

керу
mofodoro

күзәнәк
pen

зебра
sabanaburiki

азык
meti nyan

панда
panda

хайваннар
meti

фил
asaw

көнгерә
kangeru

мөгезборын
neushoorn

горилла
gorilla

аю
beer

дөя
kameri

тәвә кошы
stroisifowru

арыслан
lew

маймыл
monki

фламинго
korikori

тутый кош
popokai

ак аю
ijsbeer

пингвин
pinguïn

акула
sarki

тавис
prodokaka

елан
sneki

крокодил
kaiman

зоопарк хезмәткәре
sma san e sorgu meti

тюлень
sedagu

ягуар
penitigri

пони

pikin asi

каплан

penitigri

су үгезе

watrabofru

жираф

giraf

бөркет

aka

кабан дуңгызы

werder agu

балык

fisi

ташбака

sekrepatu

морж

walrus

төлке

sabanadagu

газәл

dia

зоопарк - meti dyari

спорт төрләре
sport

хәрәкәт
aktifiteit

сикеру / jompo
көлү / lafu
кочаклау / brasa
бару / waka
җырлау / singi
гыйбадәт кылу / begi
үбү / bosi
хыяллану / dren

язу
skrifi

рәсем ясау
hari

күрсәтү
sori

басу
pusu

бирү
gi

алу
teki

хәрәкәт - aktifiteit

үзеңдә булдыру abi	эшләү dati	булу de

басып тору tnapu	йөгерү lon	тарту hari

ташлау trowe	егылу fadon	яту lei

көтү wakti	йөртү tyari	утыру sidon

кию weri	йоклау sribi	уяну wiki

хәрәкәт - aktifiteit

 карау — luku	 елау — krei	 үтекләү — korikori
 тарау — kan	 әйтү — taki	 аңлау — ferstan
 сорау — aksi	 тыңлау — arki	 эчү — dringi
 ашау — nyanyan	 тәртипкә китерү — krin	 сөю — lobi
 әзерләү — bori	 машинада бару — rei	 очу — frei

хәрәкәт - aktifiteit

Җилкәндә йөрү

seiri

исәпләү

teri

уку

lesi

уку

leri

эш

wroko

никахлашу

trow

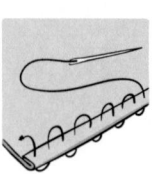

тегү

nai

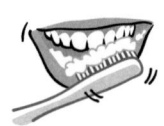

тешләрне чистарту

krintifi

үтерү

kiri

тәмәке тарту

smoko

җибәрү

seni

хәрәкәт - aktifiteit

гаилә
famiri

əби / granmama
бабай / granpapa
әти / papa
әни / mama
сабый / beibi
кыз / umapikin
ул / manpikin

кунак
fisiti

түти
tanta

абый
omu

кардәш
brada

апа
sisa

тән
skin

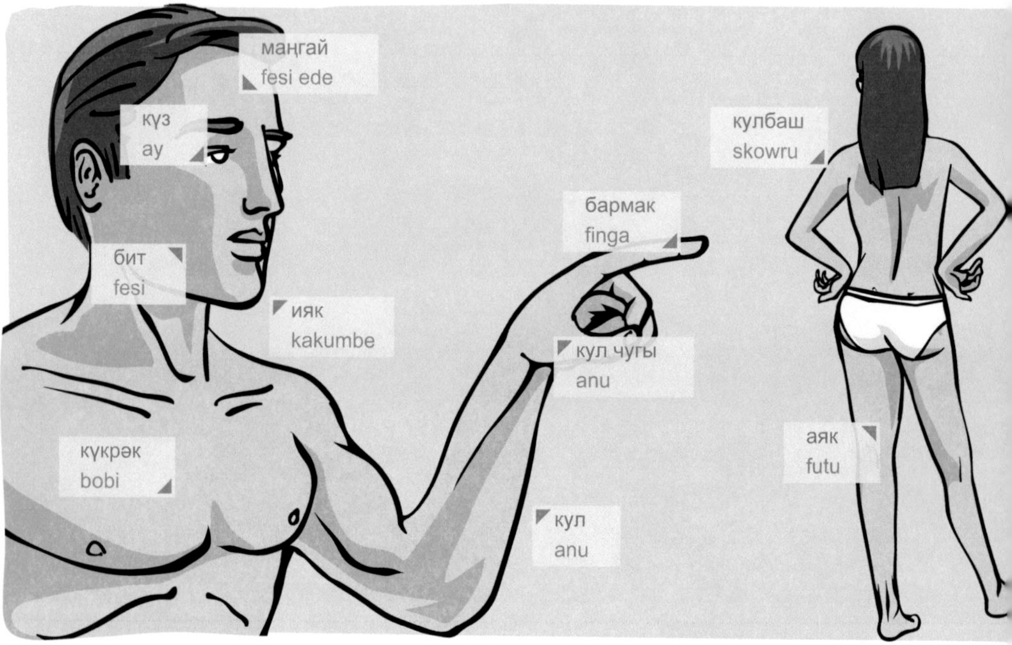

маңгай / fesi ede
күз / ay
бит / fesi
күкрәк / bobi
ияк / kakumbe
бармак / finga
кул чугы / anu
кул / anu
кулбаш / skowru
аяк / futu

сабый
beibi

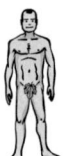

ир
man

хатын
uma

кыз
uma pikin

малай
boi

баш
ede

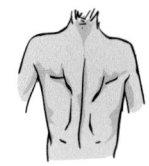 арка baka	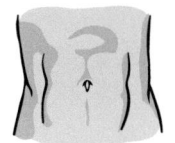 эч bere	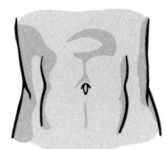 кендек kumba
 аяк бармагы futufinga	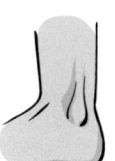 үкчә bakafutu	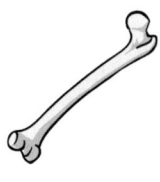 сөяк bonyo
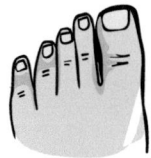 бот djonku	 тез kindi	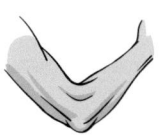 терсәк baka anu
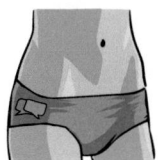 борын noso	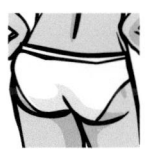 арт сан bakasei	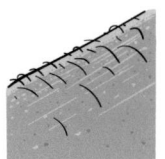 тире skin
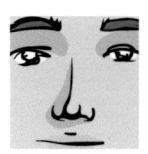 яңак seifesi	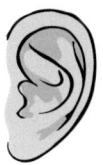 колак yesi	 ирен mofobuba

	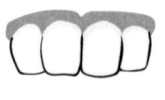	
авыз mofo	теш tifi	тел tongo
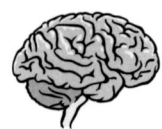		
ми ede tonton	йөрәк ati	мускул titei
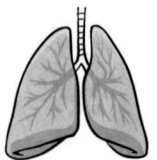		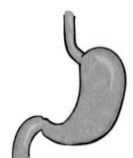
үпкәләр fokofoko	бавыр lefre	ашказан bere
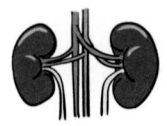		
бөерләр niri	җенси акт freiri	презерватив pipikowsu
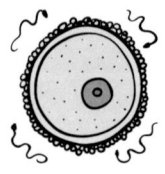		
күкәйлек eksi	сперма siri	көмәнлек bere

70 тән - skin

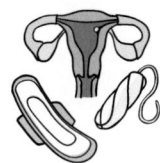
күрем
munsiki

вагина
umapresi

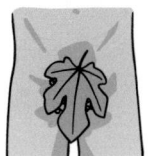
пенис
toli

каш
atapu-ay-wiwiri

чәчләр
wiwiri

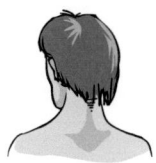
муен
neki

хастаханә
ati oso

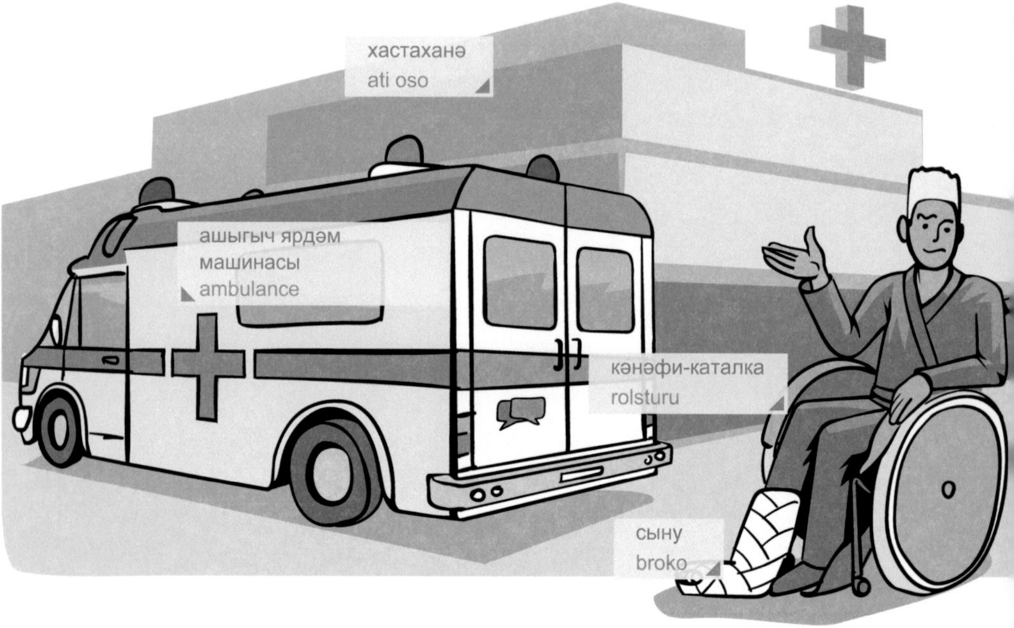

хастаханә / ati oso

ашыгыч ярдәм машинасы / ambulance

кәнәфи-каталка / rolsturu

сыну / broko

табиб
datra

беренче ярдәм пункты
EHBO

шәфкать туташы
suster

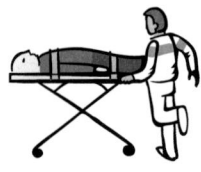
кичектергесез хәл
nowtu

аңсыз
flaw

авырту
pen

зыян килү
soro

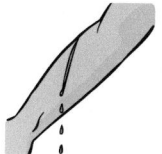

кан агу
brudu

инфаркт
ati siki

инсульт
bururtu

аллергия
trefu

ютәл
koso

югары температура
kortsu

грипп
griep

эч китү
lusu bere

баш авырту
ede-ati

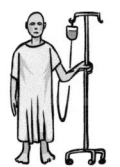

кысла
takrusiki

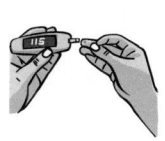

диабет
sukru

хирург
chirurg

скальпель
skalpel

операция
operâsi

хастаханә - ati oso

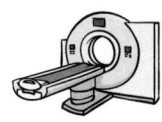 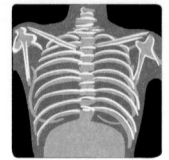 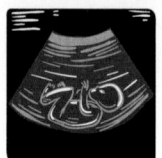

КТ	рентген	ультратавыш
CT	röntgen	echo

битлек	авыру	кабул итү бүлмәсе
fesi maskradu	siki	wakti kamra

 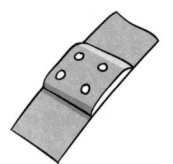 

култык таягы	пластырь	бинт
kroku	duku	duku

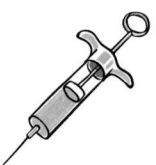 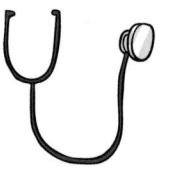 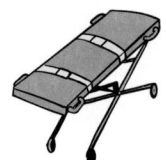

укол кадау	стетоскоп	носилки
spoiti	stethoskoop	brandkard

термометр	туу	артык авырлык
temperatuur marki	gebore	fatu

хастаханә - ati oso

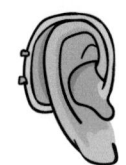
колак аппараты
masyin fu yere

йогышсызландыру чарасы
sani fu krin

инфекция
dyomposiki

вирус
firus

ВИЧ / СПИД
HIV / AIDS

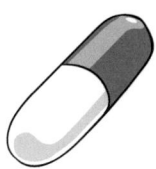
дару
dresi

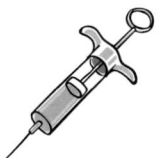
прививка
faksinasi

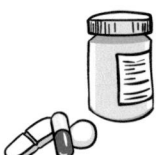
таблеткалар
perki

балага узмас өчен таблетка
perki

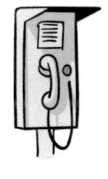
ашыгыч чакыру
nowtu nomru

кан басымын үлчәү өчен прибор
brudu marki

авыру / сәламәт
siki / gesontu

кичектергесез хәл
nowtu

Ярдәм итегез!
Yepi!

тревога сигналы
warskow

һөҗүм иту
feti

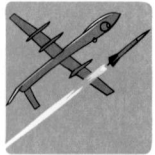
һөҗүм
feti

куркыныч
ogri

запас чыгу урыны
a nowtu doro

Янгын!
Faya!

ут сүндергеч
fayakiri sani

каза
mankeri

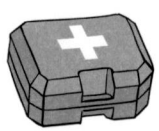
даруханә
EHBO-kofru

SOS
SOS

полиция
skowtu

җир
grontapu

Европа

Bakrakondre

Төньяк Америка

Opo-Amerkan

Көньяк Америка

Suid-Amerkan

Африка

Afrika

Азия

Asi

Австралия

Australia

Атлантик океан

Atlantis Se

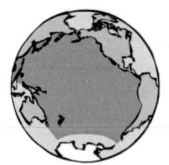

Тын океан

Tan tiri Se

Һинд океаны

Indisch Se

Антарктик океан

Suidsei Se

Төньяк Боз океаны

Noordsei Se

Төньяк полюс

Noordsei

Көньяк полюс

Suidsei

Антарктика

Antartika

җир

grontapu

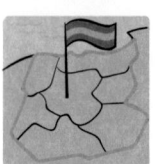

коры җир

kondre

диңгез

se

утрау

eilanti

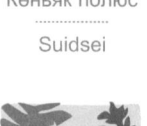

милләт

nâsi

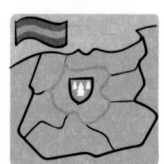

дәүләт

lanti

сәгать
oloisi

сәгать циферблаты
oloisi fesi

сәгать угы
yuru sori

минут угы
miniti sori

секунд угы
sekonde sori

Әле сәгать ничә?
O lati a de?

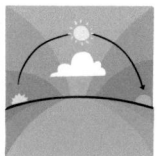

көн
dey

вакыт
ten

хәзер
now

электрон сәгать
oloisi

минут
miniti

сәгать
yuru

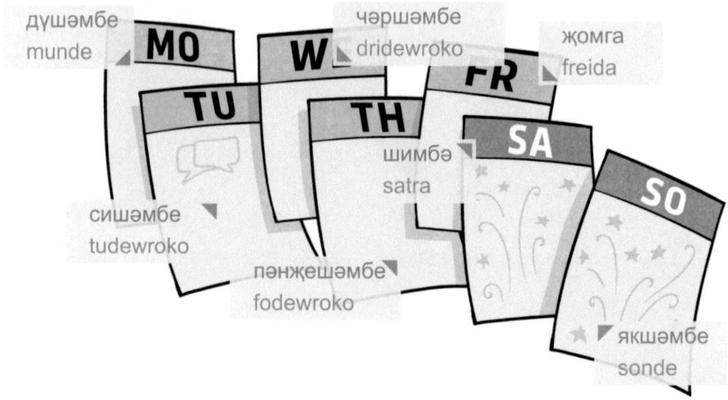

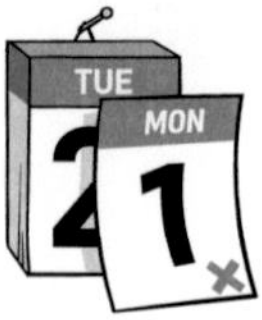

атна
wiki

дүшәмбе — munde
сишәмбе — tudewroko
чәршәмбе — dridewroko
пәнҗешәмбе — fodewroko
җомга — freida
шимбә — satra
якшәмбе — sonde

кичә — esde 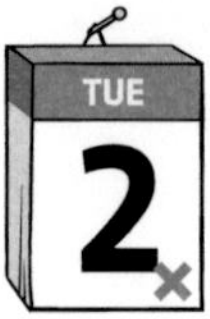
бүген — tide 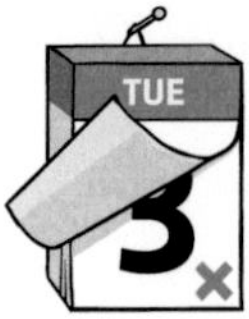
иртәгә — tamara

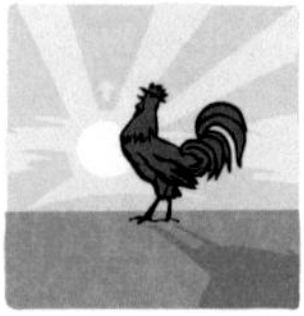

иртә — mamanten 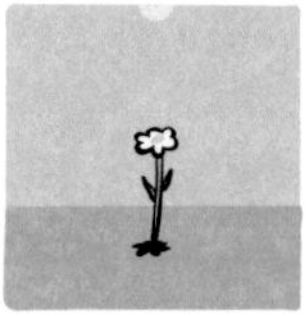
төш — bakadina 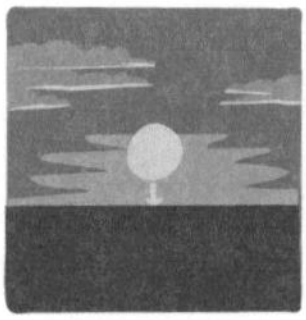
кич — neti

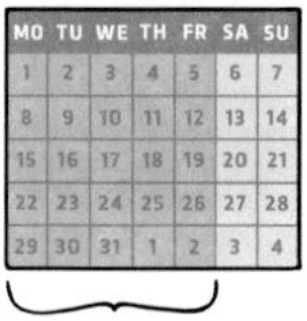

эш көннәре — den wrokodei
ял көннәре — weekend

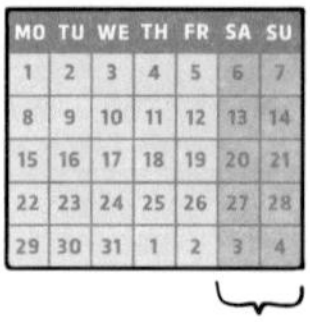

ел

yari

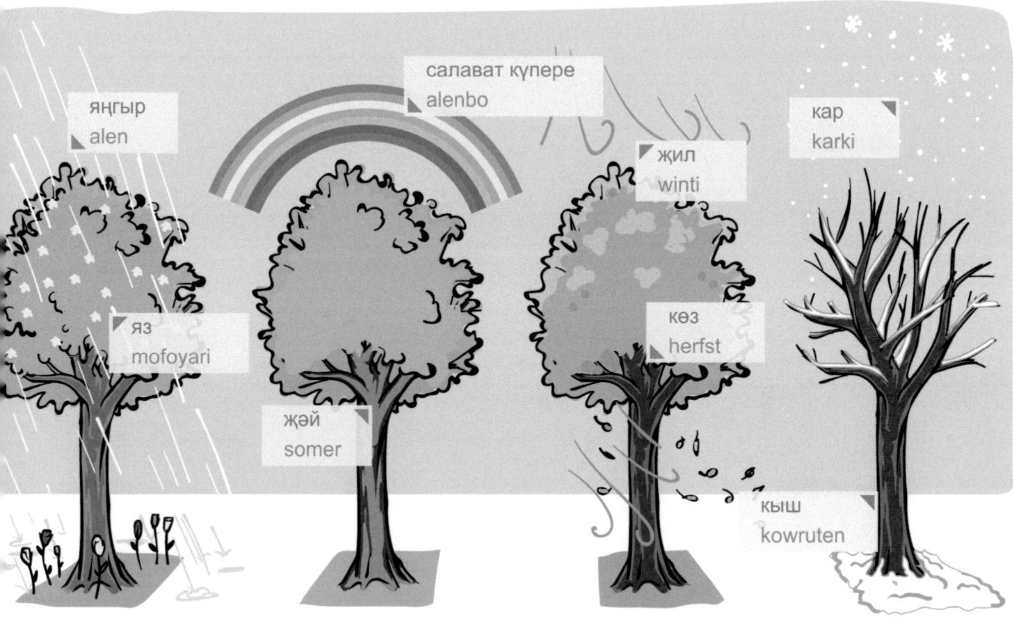

яңгыр
alen

салават күпере
alenbo

жил
winti

кар
karki

яз
mofoyari

жәй
somer

көз
herfst

кыш
kowruten

һава торышы
taki fu a weer

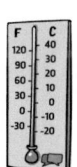

термометр
thermometer

кояш яктысы
skèin fu a son

болыт
wolku

томан
dow

дымлылык
loktu foktu

яшен
faya

күк күкрәү
dondru

давыл
sekiwatra

боз
agra

муссон
bigi skwala

су басу
frudu

боз
èisi

гыйнвар
januari

февраль
februari

март
maart

апрель
april

май
mei

июнь
juni

июль
juli

август
augustus

сентябрь

september

октябрь

oktober

ноябрь

nofember

декабрь

december

формалар
form

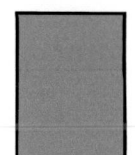

божра

lontu

квадрат

fokanti

турыпочмак

fokanti naga langa sei

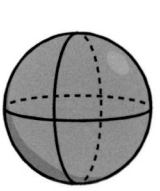
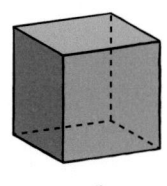

өчпочмак

dri-uku

шар

lontu

куб

kubus

төсләр
kloru

ак
witi

сары
geri

кызгылт сары
alanya

ал
ròs

кызыл
redi

шәмәхә
lila

зәңгәр
blaw

яшел
grun

көрән
broin

соры
grei

кара
blaka

капма-каршылыклар
difrenti

күп / аз
tumsi / wanwan

усал / тыныч
atibron / tiri

матур / ямьсез
moi / takru

башы / ахыры
begin / kba

зур / кечкенә
bigi / ptyin

якты / караңгы
lekti / dungru

абый / эне
brada / sisa

чиста / пычрак
krin / doti

тулы / тулы түгел
krinkrin / no bun nofo

көн / төн
dei / neti

үле / тере
dede / libi

киң / тар
bradi / smara

ашарга яраклы / ашарга яраксыз
kan nyan / no kan nyan

явыз / яхшы
takru / bun

дулкынланган / сагынган
prisiri / ferferi

юан / ябык
fatu / fini

башта / азакта
fosi / lasti

дус / дошман
mati / feyanti

тулы / буш
furu / leigi

каты / йомшак
tranga / safu

авыр / җиңел
hebi / lekti

ачлык / сусау
angri / dreineki

авыру / сәламәт
siki / gesontu

хокуксыз / хокуклы
no gi pasi / tru

акыллы / акылсыз
koni / don

султан / уңнан
kruktu / leti

якын / ерак
gi / fara

капма-каршылыклар - difrenti

яңа / тотылган

nyun / owru

бер нәрсә дә / нәрсәдер

noti / wan sani

өлкән / яшь

owru / jongu

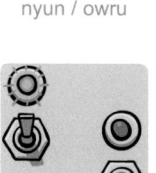

тоташтырылган / сүндерелгән

leti / tapu

ачык / ябык

oro / tapu

әкрен / кычкырып

safu / tranga

бай / ярлы

gudu / poti

дөрес / дөрес түгел

bun / fowtu

кытыршы / шома

grofu / grati

моңсу / бәхетле

sari / breiti

кыска / озын

shatu / langa

җай / тиз

loli / esi-esi

дымлы / коры

nati / drei

җылы / салкын

warang / kowru

сугыш / тынычлык

feti / freide

капма-каршылыклар - difrenti

саннар
nomru

0 ноль — noti

1 бер — wan

2 ике — tu

3 өч — dri

4 дүрт — fo

5 биш — feifi

6 алты — siksi

7 җиде — seibi

8 сигез — aiti

9 тугыз — neigi

10 ун — tin

11 унбер — erfu

12
унике
twarfu

13
унөч
tin-na-dri

14
ундүрт
tin-na-fo

15
унбиш
tin-na-feifi

16
уналты
tin-na-siksi

17
унҗиде
tin-na-seibi

18
унсигез
tin-na-aiti

19
унтугыз
tin-na-neigi

20
егерме
twenti

100
йөз
hondru

1.000
мең
dusun

1.000.000
миллион
milyun

теллəр
den tongo

инглизчə
Ingristongo

американча инглиз
Amerkan Ingristongo

мандаринча Кытай
Sneisi Mandarijntongo

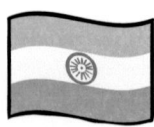

һинди
Hinditongo

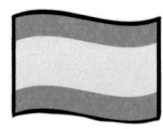

испан
Spanyoro

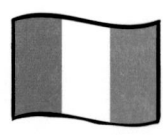

француз
Frans

гарəп
Arabiatongo

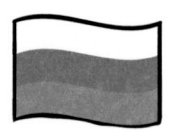

рус
Rusitongo

португал
Potogisi

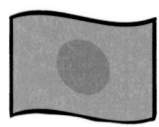

бенгал
Bengalitongo

алман
Doisritongo

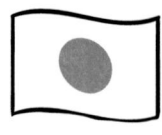

япон
Japantongo

кем / нәрсә / ничек
suma / sang / fa

мин
mi

син
yu

ул / ул / ул
en / en / en

без
unu

сез
yu

алар
den

кем?
suma?

нәрсә?
san?

ничек?
fa?

кайда?
pe?

кайчан?
oten?

исем
nen

кайда
pe

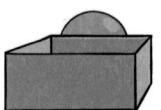

артта

baka

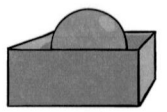

эчендә

ini

алда

fesi

өстендә

abra

өстенә

tapu

астында

ondro

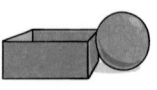

янәшә

na sei

арасында

mindri

урын

presi